Domenico Sorrentino

Komplizen des Geistes

Der junge Franziskus und der Bischof Guido

Eine Meditation

E.F.I. - Edizioni Frate Indovino
Perugia

Druck: April 2009
1. Auflage: Mai 2009
2. Auflage: September 2009

ISBN 978-88-8199-047-4

Druckgebung und Druck:
Grafiche Diemme - Bastia Umbra (PG)

Vorne auf dem Bucheinband: Giotto di Bondone (1267 - 1337), *Der heilige Franziskus verzichtet auf die irdischen Güter,* Ausschnitt, Assisi, Oberkirche. *(Foto: Edizioni Porziuncola)*

Auf der vierten Seite: Assisi, der Bischof Monsignore Domenico Sorrentino begleitet den Heiligen Vater Papst Benedikt XVI bei seinem Besuch des „Sacro Convento" am 17. Juni 2007.
(Foto: Edizioni Porziuncola)

Wir bedanken uns bei Allen, welche bei der Übersetzung ins Deutsche und bei der Revision des Textes mitgearbeitet haben: Deutsche Kapuzinerinnen des Klosters Santa Croce in Assisi, Michele Dell'Amore, Carmine Cusano, Sr Carola Thomann, Michaela Hanseln, Klemens Martin.

Wir bedanken uns bei den Mitarbeitern der Büros der Bischöflichen Kurie in Assisi, bei der „Edizioni Porziuncola" von S. Maria degli Angeli für die Erlaubnis der Verwendung der Fotos.

Zum Geleit

Es ist mir eine Freude, Ihnen dieses lebendige Büchlein von Mons. Domenico Sorrentino, dem Bischof von Assisi - Nocera Umbra - Gualdo Tadino, vorzustellen. Sehr einfühlsam hat er sich staunend und betrachtend dem angenähert, was sein Vorgänger Guido hier erlebt hat.

Wer diese Zeilen liest, dem wird es ergehen wie es mir erging: Man wird angezogen sein von der Frische des Lebenszeugnisses des kleinen Armen von Assisi. Franziskus vertraut sich mit seiner Entscheidung dem Bischof und damit der Kirche an. Bischof Guido nimmt seine Wahl an, indem er ihn mit seinem eigenen Mantel bekleidet. Mit dieser Geste lässt er die tiefe Beziehung von Charisma und Amt aufleuchten - sie ergänzen sich gegenseitig. Guido hat schon eine tiefere Sicht dessen, was hier geschieht - er versteht schon, was andere noch nicht einmal ahnen.

Sein Verständnis für Franziskus zeigt einen neuen, noch unergründeten Horizont auf. Das ist wie neuer Wein in neuen Schläuchen. Von diesem Moment an und von diesem Ort aus weht ein neuer Geist in der Stadt. Die göttliche Gnade, die der Stadt geschenkt ist, wird weithin anerkannt - nicht nur im christlichen Umfeld.

Um die Bedeutung dieser ganz neuen Gotteserfahrung vielen Menschen zugänglich zu machen, hat der Autor eine schöne und kluge Wahl getroffen: In bunten Farben zeichnet er ein Bild, das die ursprüngliche Frische von Franziskus zeigt. Wir bekommen keine wissenschaftliche Abhandlung angeboten, und doch wird uns trinitarische und kirchliche Theologie nahe gebracht. Diese Zeilen haben die Kraft uns zu formen, weil sie uns in die franziskanische Freude einführen, die uns allen so teuer ist.

Der Herr schenke Ihnen den Frieden,

Br. Antonio Maria Tofanelli, OFMCap.
Provinzial der umbrischen Kapuzinerprovinz

Anläßlich der 800-Jahr-Feier der ersten franziskanischen Regel, an die Gemeinschaft von Assisi, und an die Söhne und Töchter von Franziskus, die auf der ganzen Welt verstreut sind.

Ein eingemauerter Gedenkstein aussen an der Apsis der Kirche S. Maria Maggiore trägt eingraviert folgende Inschrift:

«MCCXVI INDICI(one) QUA(r)TA DECIMA I(n) TE(m)PORE EPI(scopi) GUIDI ET FRATRIS FRA(n) CIS(ci)» (transkription: N. D'Acunto).

Übersetzung: *"Im Jahre 1216, Indiktion am Vierzehnten, zur Zeit des Bischofs Guido und des Bruders Franziskus"*.

Diese inschriftlichen Erinnerungen vergleichen wir mit einer Inschrift, welche im Inneren der Apsis, im Chor unter dem Fresco, welches den Heiligen Franziskus zeigt, gemalt ist und worauf sich F. Serafini bezieht (1663).

«SANCTUS FRANCISCUS FECIT FIERI HANC TREUNAM (= tribunam) SUB ANNO D.NI MCCXVI. SANCTA MARIA ORA PRO NOBIS».

Übersetzung: *"Der Heilige Franziskus liess diese Loge machen im Jahre 1216. Heilige Maria, bitte für uns"*.

(*Francesco Santucci*)

Eingemauerter Gedenkstein aussen an der Apsis der Kirche S. Maria Maggiore – Assisi *(Foto: Angelo Lunghi)*

Das Haus zu bewohnen, in dem es sich ereignete…

Es ist ein Privileg, das ich als Bischof von Assisi habe, als Nachfolger jenes Guido I., dessen Abenteuer es war, der Bischof des Franziskus zu sein. Ein Privileg, das mich zu einer täglichen Meditation auffordert!

Es verpflichtet mich natürlich, mich an Franziskus zu messen, weil die Geste der Radikalität, die sich in meinem Hause ereignete, weiterhin fordert und herausfordert. "Nackt mit dem nackten Gott": Der entblößte Leib Christi im Leib des Franziskus!

Es verpflichtet mich weiter, mich auch an Guido zu messen. Was hätte ich an seiner Stelle getan? Wie hätte ich Kirche dargestellt? Wäre ich angesichts eines unvorhersehbaren, erschütternden und überschäumenden Charismas kühle und berechnende Institution geblieben oder der warme Schoss einer Mutter?

Jene Szene, die Giotto in der Basilika Superiore di San Francesco so wunderbar dargestellt hat, birgt in sich Hinweise von großer Bedeutung für die Kirche von heute und die Kirche jeder Zeit.

Anläßlich der 800-Jahr-Feier jenes Trienniums 1206-1209, das die Anfänge des Franziskanertums bildet, angefangen von der Bekehrung des Franziskus und der Bildung der ersten Gruppe von Gefährten, bis hin zur mündlichen Bestätigung der Regel durch Papst Innozenz III., ist es mir eine Freude, diese meine Reflexionen – eine rein meditative Annäherung ohne jede Absicht einer kritischen Geschichtsschreibung - mit der Gemeinschaft von Assisi und mit allen Söhnen und Töchtern des Franziskus auf der ganzen Welt zu teilen.

Zusammen mit vielen wage ich zu hoffen, daß Männer und Frauen weiterhin vom Heiligen von Assisi fasziniert sind. Ein Anliegen: Möge in einer Welt negativer "Komplizenschaft" mit dem Bösen das Beispiel von Franziskus und Guido in vielen Gewissen den Wunsch nach einer "Komplizenschaft" für das Gute wecken. Und mit wem, wenn nicht zusammen mit dem Geist Gottes?

Wenn der Geist weht

In den Jahren von 1206 bis 1209 wurde Assisi vom Geist berührt.

Normalerweise ist der Geist im „leisen Säuseln“ zu spüren (1 Kö 19, 12). Er schwebt über den Wassern, wie am Anfang der Welt (Gen 1,2). Er erzieht uns mit der Pädagogik der geduldigen Langmut: Seine Gaben verbergen sich in den unscheinbaren Falten des Alltags. Es gibt jedoch Zeiten, in denen der Geist wie Feuer auflodert. Es sind dies seine außerordentlichen Zeiten, in denen er erscheint, um alles zu erneuern.

Die Heilsgeschichte kennt solche Zeiten des Geistes. Sie offenbart sie uns als eine Wellenlinie, die sich manchmal zu hohen Gipfeln erhebt, um darauf erneut zu ihrem gewöhnlichen Lauf herabzusinken.

Der schwindelerregende Aufstieg zum Gipfel ist gleichsam die Menschwerdung des Wortes. *Et incarnatus est de Spiritu Sancto ex Maria Virgine.* Im Schoße der Jungfrau - das Meisterwerk des Geistes!

Widerschein jenes Meisterwerkes – ein anderer „Gipfel“ - ist Franziskus von Assisi.

Eine bekannte und überzeugende Geschichte, auch und gerade für die Jugendlichen von heute.

Erster „Akt“: 25 Jahre lang ein Vagabundenleben, auf der vergeblichen Suche nach einer Freude, die weder Reichtum, noch Feste, noch Waffen schenken konnten.

Endlich jedoch fand er sie im Antlitz Christi. Und damit begann der zweite „Akt": 20 Jahre lang ein heiliges Leben. Er fand in dem entstellten Leib des Leprakranken das Antlitz Christi, das er im Gekreuzigten von San Damiano betrachtete.

Wahre Freude! Freude des Herzens! In seinem Testament wird er schreiben: „Das, was mir bitter vorkam, wurde mir in Süße der Seele und des Leibes verwandelt" (Test 3).

Von jenem Moment an ist das väterliche Geschäft nicht mehr dasselbe, auch die Freunde und Feste sind nicht mehr dieselben.

Franziskus macht die ersten Erfahrungen mit dem „Wahn der Liebe". Vor Freude kann man „verrückt werden".

Er ersetzt die höfische „Liebesminne" durch die „Herrin Armut". Pietro Bernardones Geld ist ihm nunmehr unerträglich. Goldene Ketten kann er nicht länger ertragen. Folglich muß man diese als Gabe weggeben, um Kirchen wieder aufzubauen und den Armen ihre Würde zurückzugeben.

Umsturz der Werte! Umsturz der Welt!

Geist ruft Kirche

Im Hause des Pietro Bernardone ist ein Erdbeben. Assisi spricht, kommentiert, witzelt, schließt Wetten ab.

Stimmen gelangen in das Haus des Bischofs Guido. Man stellt Betrachtungen an. Nachrichten werden ausgetauscht.

Ist es Franziskus an diesem oder jenem Tag vielleicht gelungen, in Stille Audienz bei Guido zu bekommen? Ich halte es für möglich, ja, wahrscheinlich. Die *Dreigefährtenlegende* bestätigt es: *„Niemand eröffnete er sein Geheimnis, niemand zog er zu Rate in dieser Hinsicht außer Gott allein, der ihm seinen Weg schon zu zeigen begonnen hatte, und bisweilen den Bischof von Assisi“*. (DreiGefLeg. Kap.III)

Guido: Ein anderer Vater, ein „echter“ Vater, von dem Franziskus sich Verständnis erhofft und durch ihn, wenn möglich, ein Wort von Gott.

Sicher ist, daß er, als der verzweifelte Vater beschließt, ihn in die Enge zu treiben, bereits ein Geweihter ist, der Achtung für sein neues Leben erwartet. Nicht der Bürgermeister, sondern der Bischof wird sein Richter sein.

Im Abstand von acht Jahrhunderten erlebe ich tagtäglich an Ort und Stelle jenen Ort, ja betrete ihn buchstäblich, an dem Guido das Gesuch des Franziskus erreichte. Ich ertappe mich dabei oft, wie ich mit beiden spreche.

Wie hat Guido auf das Ersuchen von Franziskus reagiert?

Es scheint mir, dich gut verstehen zu können, jetzt, da ich an deiner Stelle bin. Man möchte nie, dass solche Fälle einen unverhofft treffen.

Jeder um dich herum sagt seine Meinung, jeder erhebt sich zum Richter. Aber du, Guido, bist es, der urteilen muß. Die Entscheidung fällt dir zu.

Wenn du für Franziskus entscheidest, wird man nicht alles mögliche sagen über deine Unvorsichtigkeit, über deinen Leichtsinn und über deinen blauäugigen Idealismus? Man wird vielleicht sagen, du seiest ein „Familien-Entzweier".

Wenn du gegen Franziskus entscheidest, wie kannst du lebenslänglich den Gewissensbiss ertragen, einem Wort Gottes nicht gerecht geworden zu sein? Die Mahnung des heiligen Paulus beunruhigt dich: „Löscht den Geist nicht aus" (1 Tess 5, 19). Die Institution kann nicht den Tod des Charismas bedeuten. Sie muss Schoß sein, in dem der „mystische" Christus fortwährend empfangen wird. Der Schoß Mariens. der fortwährend fruchtbar ist: „Jungfrau zur Kirche gemacht" (GrMar 1).

Und es ist die Nacht deiner Gedanken. Morgen wird Franziskus zusammen mit dem wütenden Vater eintreffen. Die Stadt wird neugierig sein. Und du, was wirst du tun? Ich möchte nicht in deiner Nacht sein. Aber der Geist wird dir sagen...

Giotto di Bondone (1267 - 1337), *Der hl. Franziskus verzichtet auf die irdischen Güter,* Assisi, Oberkirche. *(Foto: Edizioni Porziuncola)*

Hören auf den Geist

„Vor den Bischof geführt, duldete er weder Aufschub noch irgendeine Verzögerung; ja, nicht einmal Worte wartete er ab, noch sprach er solche, sondern legte sofort all seine Kleider ab, warf sie hin und gab sie dem Vater zurück. Nicht einmal die Hose behielt er zurück, vollständig entblößte er sich angesichts aller. Als aber der Bischof seine Entschlossenheit bemerkte, erhob er sich sogleich voll hoher Bewunderung für seinen glühenden Eifer und seine Standhaftigkeit, schloß ihn in seine Arme und bedeckte ihn mit dem Mantel, den er trug. Klar sah er ein, daß der Entschluß von Gott komme, und er erkannte, daß das Tun des Mannes Gottes, das er mit eigenen Augen gesehen, ein Geheimnis in sich berge. Daher wurde er von nun an sein Beschützer und Gönner, der ihn ermutigte und mit innigster Liebe umfing.“ (1Cel. Kap. VI).

Franziskus erstaunt mich. Aber auch Guido bewundere ich sehr!

Gemäß den Quellen und der Tradition, geschah alles zwischen dem Haus, das ich bewohne (das Haus wurde oft umgebaut, so daß es ganz anders ist als jenes zur Zeit des Franziskus) und dem Platz, der von Santa Maria Maggiore geprägt ist, der alten Kathedrale, die in ihrer Schönheit und Pracht beeindruckend ist. Sie bildet einen einzigen Gebäudekomplex mit dem Bischofssitz, der gemäß der Vermutung von Experten (ein Thema, das zu vertiefen wäre), tiefer gelegen haben muß aufgrund unterschiedlicher Tiefen des

Erdgeschosses. Der Eingang der Kirche befindet sich jetzt auf Straßenhöhe. Damals muß sich dort eine Freitreppe befunden haben. Auf dem Platz - das versteht sich von selbst - wird die Menge der Neugierigen sich eingefunden haben. Wie auch immer sich die Dinge abgespielt haben mögen, heute lassen wir in einem Saal des Bischofssitzes, genannt „Thronsaal", die Szene vor den Pilgern wieder lebendig werden. „Thronsaal" ist ein unschöner Name, abgeleitet von einem Baldachin, der sich in dem Raum befindet. Ich liebe es, jenen Saal den „Saal der Entblößung" zu nennen.

An welcher Stelle genau fand das Urteil statt? Fortini ortet sie am oberen Ende der heute nicht mehr vorhandenen Freitreppe des Bischofssitzes, Santa Maria Maggiore im Blick des Bischofs (vgl. „Nova vita di San Francesco", 1999, III, p. 235). In Dokumenten aus dem frühen 14. Jahrhundert spricht man von einer "Trasanna" des Bischofssitzes, der von einem Vordach bedeckten obersten Stufe, die als Gerichtsstätte diente (F. Santucci, L'episcopio del tempo di Francesco, in: „Subasio", 2000, nn. 2-3, p. 8). War dies die Stätte schon zur Zeit des Franziskus? Ich überlasse es den Historikern, falls möglich, den genauen Ort zu bestimmen. Es bleibt das Ereignis als Tatsache. Im Thronsaal erinnert ein Fresko aus dem 17. Jahrhundert daran, das Cesare Sermei zugeschrieben wird, jedoch weit entfernt ist von der lichtvollen Schönheit des Freskos von Giotto.

Was hat wohl Guido gesagt? Ich versuche, es mir vorzustellen. Thomas von Celano zeigt Franziskus in der 1. Lebensbeschreibung derart entschlossen, daß er nicht einmal das Wort des Bischofs abwartet. Die Entblößung war vormeditiert, eine unvermittelt in die Tat umgesetzte Geste, denn "ohne Worte zu sagen oder solche abzuwarten, zieht er alle Kleider aus" (1Cel Kap. VI). In der 2. Lebensbeschreibung ist die Erzählung anders: „Auf Anraten des Bischofs der Stadt…" (2Cel Kap. VII).

Versetze ich mich in die Lage meines Vorgängers, scheint es mir plausibel, daß Guido, wie es seine Pflicht war, die Anklage des Vaters anhörte, um dann ein Urteil zu fällen. Und was wird er gesagt haben, wenn nicht ein Wort dahingehend, einerseits die guten Absichten und den religiösen Eifer von Franziskus, andererseits den Frieden der Familie zu retten? Celano schließt dies auch aus der Tatsache, dass der Bischof ein „sehr frommer Mann" war. Guido gibt Pietro Bernardone Recht, was den Gebrauch des Geldes von Seiten des Sohnes betrifft.

Wollte Franziskus ein Wohltäter der Kirche sein? Wollte er verfallene heilige Bauten wieder aufbauen? Gut! Aber nicht mit dem Geld der Familie. Dieses musste zurückgegeben werden. Hier war - jedenfalls unter rechtlichem Gesichtspunkt - der Punkt der Gerichtsentscheidung, der Straftatbestand, für den Pietro Bernardone Gerechtigkeit forderte. Die Verflechtung der Gefühle und der Interessen war eine andere Sache!

Franziskus zögert nicht, zu gehorchen. Der Bischof hat nichts anderes getan, als ihm den Dekalog in Erinnerung zu rufen. Siebtes Gebot: „Du sollst nicht stehlen!", auch dann nicht, um Gutes zu tun!

Aber - im „Feuer" des Geistes! - geht der junge Bekehrte weit darüber hinaus. Wenn es den Dekalog zu achten gilt, gebietet ihm sein Gewissen ein anderes „Gebot". Pietro Bernardone würde es niemals verstehen. „Der irdisch gesinnte Mensch versteht nicht die Dinge des Geistes" (1 Kor 2, 14). Selbst Guido kann es nur erahnen, ohne die ganze Tiefe zu ermessen. Seit längerem betete Franziskus: „... damit ich deinen heiligen und wahrhaften Auftrag erfülle!" (GebKr). Dies sind die Schlußworte des Gebetes vor dem Gekreuzigten, wahrscheinlich in San Damiano. Im Lichte jener großen Augen des gekreuzigten Christus von San Damiano, die die Seele durchdringen, zwingt sich Franziskus das „Gebot" mit der Kraft eines Wirbelsturmes auf. Die öffentliche Geste der Entblößung ist dafür eine ikonische Übersetzung, eine tief empfundene Prophetie einer überwältigenden Erfahrung. Gesten - wie diese - sind atemberaubend. Schauen wir sie an, jene verwirrten Gesichter auf dem Fresko von Giotto: Neugierde, Fragen, Bestürzung...

Es ist die Stunde des Geistes: Der „mutige Wind" des Pfingsttages, normalerweise maßvoll und verhalten wehend, jedoch stets im Laufe der Jahrhunderte wirkend, erfaßt diesen jungen Mann aus Assisi. Am Pfingsttag mußte sich Petrus selbst und seine Gefährten gegen den Vorwurf der Trunkenheit verteidigen (Apg 2,15). Der heilige Ambrosius wird von der „nüchternen Trunkenheit des Geistes" sprechen. Franziskus bezichtigt man nicht, ein Trunkener zu sein, sondern ein Verrückter. In gewisser Weise fühlt er sich selbst so: „Der Herr sagte mir, dass ich wie ein neuer Verrückter in dieser Welt sein müsse" (SpVollk). Es kommt einem das geistige Szenario der „Verrückten Gottes" in den Sinn, gut bekannt vor allem im christlichen Orient. Von jenem Augenblick an ist der Sohn von Bernardone ein „anderer". Aber auch Assisi wird nicht mehr dieselbe Stadt sein.

Bild: Möglicher Originalzugang zum Bischofshaus, Assisi, Büros der Bischofskurie. *(Foto: Edizioni Frate Indovino)*

Nackt wie ein neues Geschöpf

Kehren wir zur Erzählung, vielmehr zu den Erzählungen, zurück, zu den „Erzählungswellen", die alle ihre eigenen Färbungen haben. Es ist sicher keine formale Wiedergabe des Geschehens, sondern vielmehr ein frommes Neulesen, Geschichte der Heiligkeit, die widerhallt und ausstrahlt.

Thomas von Celano sagt in der ersten Lebensbeschreibung:

„Vor den Bischof geführt, duldete er weder Aufschub noch irgendeine Verzögerung; ja, nicht einmal Worte wartete er ab, sondern legte sofort all seine Kleider ab, warf sie hin und gab sie dem Vater zurück. Vollständig entblößte er sich angesichts aller (1Cel VI).

Die Unvermitteltheit beeindruckt. Eine Art „Überraschungseffekt". Schwierig zu verstehen, zumindest für unser Empfinden, wie eine solche „Selbstentblößung" unter den Augen der Öffentlichkeit geschehen konnte, ohne Maßnahmen seitens der Familie oder seitens der Mitarbeiter des Bischofs hervorzurufen. Vermutlich ist Franziskus, mit den Räumlichkeiten des Bischofssitzes vertraut, in ein angrenzendes Zimmer entwischt, um sich auszuziehen, wie die Legende der drei Gefährten rekonstruiert: „Er betrat ein Gemach des Bischofs, zog alle Kleider von des Vaters Habe aus“ (DreiGefLeg. Kap. VI). Er erscheint wieder, nunmehr nackt, wie mit den Kleidern und der Tasche, „bewaffnet“, nicht Diebesgut auszuhändigen, sondern eine zerbrochene und in den Wind geworfene Kette.

Aufgeregte Atmosphäre, in welcher sich die Gefühle überschlagen. Die „Kleider-Kette“ ist nun in den Armen des Vaters, den Giotto in einer Mischung aus Wut, Verblüffung und Entsetzen darstellt, aufgehalten von einer Hand, welche die Reaktion aufhält. Er, Franziskus, „bleibt nackt vor allen“. Sein Leib ist Lobgesang auf die Freiheit, die allzeit neue Freiheit der Kinder Gottes. „Wo der Geist des Herrn ist, da ist Freiheit“ (2 Kor 3, 17). Seine „verrückte“ Geste ist Sprung zurück nach Eden, wo Adam und Eva sich im Hauch Gottes wiegten, “der Mann und seine Frau waren nackt und schämten sich nicht“ (Gen 2, 25). Nacktheit ohne jede Sinnlichkeit: Ein verklärter Leib. Dante wird dieses Ereignis deuten als „mystische Hochzeit“ mit der Armut: „Er hat vor sich seinen geistigen Hof / et coram patre wurde er eins“ (Paradiso, XI, 61-62).

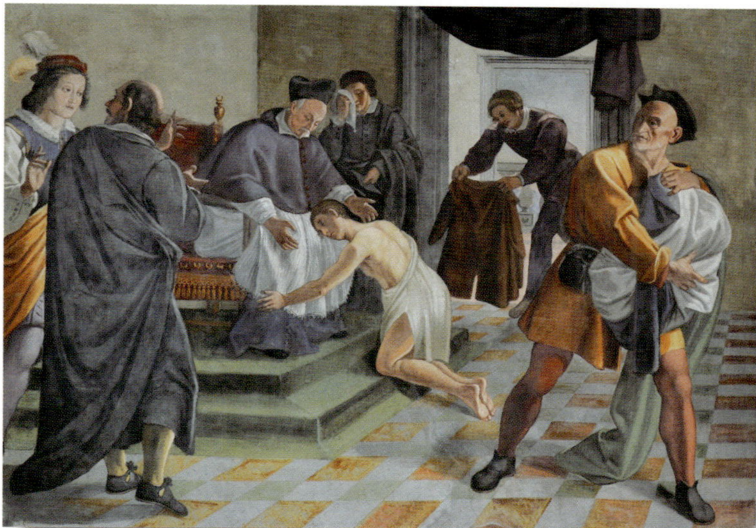

Cesare Sermei (1576 - 1668), *Entblößung des hl. Franziskus*, Assisi, Bischofshaus, „Thronsaal“. *(Foto: Edizioni Frate Indovino)*

Er bedeckt ihn mit seinem Mantel

Und du, Guido? Vielleicht hast du vorausgesehen - oder zumindest gehofft - mit weniger davonzukommen. Der Wirbelsturm des Geistes hat auch dich mit ganzer Macht überwältigt. Die anderen sind neugierig, du zitterst. Es ist dir nicht die Zeit gegeben, dich in einem Beratungszimmer einzuschließen, um ein abgewogenes Urteil zu fällen. Es ist dir nicht einmal gewährt, einen Blick auf deine Ratgeber zu richten. Du musst Stellung beziehen, im Nu eines Augenblicks. Irgendjemand wird vielleicht versucht gewesen sein, dir zuvorzukommen und dich aus der Verlegenheit angesichts jenes „verrückten" Leibes zu befreien. Celano beschönigt nichts, verbirgt nichts. Vollkommene Nacktheit. Nicht einmal mehr eine Hose. Bonaventura, ohne die vollständige Nacktheit zu verbergen, ja sie vielmehr in seiner theologischen Lektüre unterstreichend („nackt mit dem nackten Gott"), mildert sie mit einem Hauch von Askese, anmerkend, dass der „Gottesmann unter seinen vornehmen Gewändern auf bloßem Leibe ein Bußkleid trug" (GrFrL. Kap. II).

Nun steht Franziskus vor dir, Guido. Die menschlichen Vorhersagen sind erschüttert. Der „Zug" ist auf dem Schachbrett Gottes gemacht worden. Und deiner, Guido? An deiner Stelle, ich bekenne es, hätte ich nicht wenig gezögert. Ich hätte in einem Moment tausende

Berechnungen gemacht. Ich hätte mit Unbehagen Sarkasmus verspürt. Ich hätte das Aufsehen und den Skandal gefürchtet, der einen schutzlos allen möglichen Kommentaren ausliefert, selbst giftigen. Vor allem hätte ich mich gefragt: Ist dieser Junge noch normal?

Lesen wir erneut:
„Als der Bischof seine Entschlossenheit bemerkte, erhob er sich sogleich voll hoher Bewunderung für seinen glühenden Eifer und seine Standhaftigkeit, schloß ihn in seine Arme und bedeckte ihn mit dem Mantel, den er trug. Klar sah er ein, daß der Entschluß von Gott komme, und er erkannte, daß das Tun des Mannes Gottes, das er mit eigenen Augen gesehen, ein Geheimnis in sich berge." (1Cel. Kap. VI).

Größe des Franziskus! Aber auch Größe von Guido! Von jeher schritten in der Geschichte der Kirche Institution und Charisma gemeinsam voran. Das eine wie das andere ist lebensnotwendig wie unabdingbar. Beide stammen von demselben Christus und spiegeln auf unterschiedliche Weise das Wirken des Geistes wieder. Rinnsale derselben Quelle, dazu bestimmt, zusammenzufließen. Aber, so bezeugt die Geschichte, fließen beide nebeneinander, ohne sich zu mischen, vielmehr bisweilen auf Distanz gehend, ja bis hin zu Spannungen und Unverständnis. Eine unvermeidbare Dialektik, alles in allem heilsam und immer schmerzhaft. Aber die beiden Rinnsale Franziskus und Guido fließen sogleich ineinander. Fügung und Schickung im Geist ist unmittelbar, bestimmt auch begünstigt durch den Blick der Mutter, der „Braut" des Geistes, die von Santa Maria Maggiore zum Bischofssitz herüber schaut. Für das große Werk benötigte der Geist nicht nur die Genialität des Franziskus, sondern auch die „Geistesgegenwart" des Guido. Der junge Franziskus und der Bischof Guido: Eine Begegnung, die Gottes Geschichte schreibt. Zwei „Komplizen" des Heiligen Geistes.

Cognovit mysterium continere, so der lateinische Text. Aber welch „geheimnisvolle Bedeutung" erkennt Guido in der unerhörten, um nicht zu sagen extravaganten Geste des Franziskus? Sicher konnte er sich damals nicht vorstellen, welchen Gipfel der Heiligkeit dieser junge Mann, der kurz zuvor noch „König der Feste" von Assisi genannt wurde, erklimmen würde. Was sich jedoch jetzt unter seinen Augen ereignet, hat eine Intensität, die sich nur mit der Zeit voll entfalten und welche man erst mit der Zeit verstehen wird.

Aber einige Hinweise genügen, um das Geheimnis zu verstehen.

Assisi, Assisi, Kirche Santa Maria Maggiore und der jetzige Zugang zum Bischofshaus. *(Foto: Edizioni Frate Indovino)*

Der Vater, der im Himmel ist

Die Selbstentblößung des Franziskus ist vor allem das Trennen einer „Nabelschnur". Das ist eindeutig. Im Zerwürfnis mit seinem Vater ist die Wahl jetzt radikal.

Pietro Bernardone bedeutet für Franziskus die diesseitige Wurzel, ein gesichertes Leben, und, sagen wir es offen, weltlicher Erfolg.

Die Richtungen trennen sich endgültig. Dazu gezwungen, zwischen dem irdischen und dem himmlischen Vater zu wählen, zögert Franziskus nicht. „Wer Vater und Mutter mehr liebt als mich, ist meiner nicht würdig" (Mt 10, 37). Es ist die Weg-Gabelung des Evangeliums. Einen dritten Weg gibt es nicht. In der Wiedergabe von Giotto wird dies wunderbar dargestellt.

- Der Ausdruck der Gesichter. Das Gesicht von Pietro Bernardone sucht argwöhnisch jenes von Franziskus. Aber die Augen des Franziskus sind nunmehr frei von jeder Bindung, sie sind nach oben gerichtet. Inmitten der Schwerfälligkeit der Menschenmenge und der Gebäude hat sich Franziskus eine Bresche zum Blau des Himmels eröffnet, hin zum freien Himmel, dorthin, woher die Hand des Vaters ihn gleichsam an sich zieht. Unwiderstehliche Anziehung, seit Ewigkeiten vereinbarter „Termin". Alles zieht nunmehr zu jenem

Vater hin. Das finstere Gesicht des Pietro Bernardone wird ersetzt durch ein anderes Gesicht, vor allem durch ein anderes Herz.

- Die Bewegung der Arme. Mit der Last der von Franziskus zurückgegebenen Kleider wird der Arm des Pietro Bernardone zur Erde gezogen. Der Reichtum ist eine Last. Franziskus hingegen scheint Flügel zu haben. Sein Körper, rein und leicht, ganz auf das Ewige gerichtet.

In der 2. Lebensbeschreibung sagt Thomas von Celano folgendes:

„Zur Menge der Zuhörer aber, die zusammengeströmt war, sprach Franziskus: ‚Von nun an werde ich frei sagen können: `Vater unser, der du bist im Himmel` und nicht mehr: Vater Pietro Bernardone'." (2Cel. Kap. VII).

Bonaventura, die zwei vorhergehenden Berichte zusammenfassend, gliedert die Geste der Entblößung in zwei Phasen: Zuerst die Rückgabe des Kleides mit dem Sichtbarwerden des Bußkleides. Danach, vor aller Augen, die vollständige Entblößung:

„Ja, das wunderbare Feuer des Geistes machte ihn so trunken, daß er auch seine Unterkleider zurückgab und vor allen Leuten ganz entblößt stand und an seinen Vater die Worte richtete: „Bis heute habe ich dich auf Erden meinen Vater genannt, jetzt aber kann ich voll Vertrauen sprechen:

Unser Vater, der du bist im Himmel, bei dem ich all meine Schätze hinterlegt und auf den ich meine ganze Hoffnung und Zuversicht gesetzt habe." (GrFrL. Kap.II).

Franziskus ist hier eine lebendige Ikone. Mit der ausdrucksvollen Kraft einer gelebten Theologie übersetzt er in Gesten und Prophetie das Bekenntnis des Paulus: „Ihr habt den Geist empfangen, der euch zu erwählten Söhnen Gottes macht, den Geist, durch den wir ‚Abba! Vater!' rufen." (Rm 8, 15)

Franziskus ist nunmehr vom himmlischen Vater abhängig. Er ist sein "einziger" Vater. Die Gefährten, die Gott ihm geben wird, können deshalb nichts anderes sein als Brüder, „fratres", ja, verglichen mit allen Menschen, „mindere" Brüder, „fratres minores". „Darum werden sie „Minderbrüder genannt, denn sie müssen die Kleinsten von allen Menschen sein." (AnonPer).

Das Reich Gottes ist für die Kleinen. Und nur die Kleinen kennen den himmlischen Vater. „Ich preise dich, Vater des Himmels und der Erde, weil du all dies den Weisen und Klugen verborgen, den Kleinen aber geoffenbart hast" (Mt 11, 25).

Giotto, *Der hl. Franziskus verzichtet auf die irdischen Güter, Ausschnitt.*
(Foto: Edizioni Porziuncola)

Der nackte, gekreuzigte Herr

Ein weiteres Element der „geheimnisvollen Bedeutung“ dieser Entblößung taucht auf, nämlich ein christologischer Hinweis.

Der Bezug zu Christus entging dem Theologen-Biografen Bonaventura nicht. Du, Guido, hast du ihn erahnt? Sicher, im Aufruhr des Moments hattest du nicht viel zu überlegen. Aber die Eingebungen des Geistes sind wie Blitze in der Nacht... Uns obliegt die friedliche Entdeckung des Tageslichtes.

Es ist eine Tatsache, daß Franziskus zu jener Geste der Entblößung nach einer langen Zeit der Betrachtung gelangt ist, in der seine Augen sich mit dem gekreuzigten Christus zu San Damiano sowie mit dem ebenso „gekreuzigten“ Aussätzigen vergleichen. Die Spiritualität des Franziskus hat die Intensität des Fleisches. Die Züge Christi drücken sich ihm in seinem Inneren ein. Seine Lebenswahl wird jene der völligen Gleichförmigkeit mit Christus sein. Christus in Seele und Leib zum Ausdruck bringen, dessen Widerschein zu sein. Ihn mit körperlicher Zärtlichkeit zu lieben, wie in Greccio. Sich durchbohren zu lassen von den Strahlen seiner Wundmale, wie auf La Verna.

Im Bischofssitz von Assisi, in dem Büro, in dem ich die Leute empfange (und es gibt keinen Gast, dem ich dies nicht zeigte!), erläutert ein Fresko aus dem 17.

Jahrhundert - auch dieses, wahrscheinlich, von Sermei (gemäß eines kürzlich erstellten neuen Gutachtens von E. Lunghi) - wunderbarerweise diesen körperlichen Ausdruck der Liebe des Franziskus zu Jesus: Die Jungfrau bietet ihm das Kind dar, und er, entrückten Antlitzes, bereits mit den von Wundmalen durchbohrten Händen, streichelt und küsst es, ganz vom Kinde berauscht. Oder vielleicht „scherzt" er auch nur mit ihm: Das Antlitz des Kindes scheint es anzudeuten.

Franziskus ist von Jesus entzückt. Bedürftig, sich mit ihm zu verschmelzen, sich in ihm zu verlieren.

Deshalb hängt er an den Lippen der Gottesmutter.

Und wie sollte man nicht gedrängt sein zu denken, Guido, daß er - wenn er wieder nackt vor dir erscheint - das körperliche Entzücken dieser seiner Verschmelzung mit Christus gespürt hat?

Sicher, in jener impulsiven Geste wird man nicht die Friedfertigkeit einer Meditation finden. Aber wie könnte man eine solch radikale Geste erklären, nur mit einer Rückgabe der Kleider an Pietro Bernardone? Nein, es steckt mehr dahinter. Das ist eben Christus, ein Blitzlicht in der Nacht... Nach dem Blitz wird das milde Licht kommen - immer das Werk des Geistes -, das täglich seine Glieder in einen verklärten Körper verwandeln wird, einen gekreuzigten Leib, wie den des Paulus: „Ich bin mit Christus gekreuzigt worden und nicht mehr ich lebe, sondern Christus in mir" (Gal 2,20). Der Blick der Gläubigen wird sich darin nicht täuschen, in Franziskus einen „Alter Christus", einen zweiten Christus, zu bewundern. Eine Bemerkung von Bonaventura erinnert daran, daß du, Guido, den Auftrag gabst, ihm etwas zu geben, um sich zu bedecken - und es war der Umhang eines Bauern, der in deinem Dienst stand -, und daß Franziskus diesen erst anlegte, nachdem er ihn mit dem Kreuzzeichen versah:

„Er gebot dem Gesinde, man möge ihm etwas bringen, um die Blöße seines Leibes zu bedecken. Da brachte man das ärmliche und billige Kleid eines Bauern, der beim Bischof in Diensten stand. Voll Dank nahm Franziskus dieses Gewand an, zeichnete mit eigener Hand mit Kalk ein Kreuz darauf und machte es zum Kleid für einen gekreuzigten Menschen und halbnackten Armen. So also wurde der Knecht des allerhöchsten Königs von allem entblößt, um dem entblößten gekreuzigten Herrn nachzufolgen, den er so sehr liebte; er wappnete sich so mit dem Kreuze, um seine Seele dem Holz des Heiles auszuliefern und dadurch dem Schiffbruch der Welt zu entkommen." (GrFrL. Kap.II).

Cesare Sermei [?] (1576 - 1668), *Die hl. Jungfrau hält dem hl. Franziskus das Jesuskind hin,* Assisi, Bischofshaus, Büro des Bischofs. *(Foto: Diözesanarchiv, Assisi)*

Guido - Vater, Kirche - Mutter

Ich höre nicht auf, dich zu bewundern, Guido, für das Verhalten das du gegenüber Franziskus gezeigt hast. Die Quellen lassen keinen Zweifel.

Thomas von Celano in der 1. Lebensbeschreibung:

„Sogleich steht er auf, umarmt ihn und bedeckt ihn mit seinem eigenen Mantel“ (1Cel. Kap. VI).

Bonaventura in dem Großen Franziskusleben:

„Als der Bischof das sah und wie der Gottesmann vor übergroßer Liebe zum Herrn glühte, erhob er sich und schloß Franziskus weinend in seine Arme; da er aber ein liebevoller und gütiger Mann war, schlug er den Mantel, den er trug, um ihn…“ (GrFrL. Kap. II)

Dreigefährtenlegende:

„Als aber der Bischof den Entschluß des Mannes Gottes genau bedachte, wobei er seinen Eifer und seine Mannhaftigkeit sehr bewunderte, schloß er ihn in seine Arme und bedeckte ihn mit seinem Mantel.“ (DreiGefLeg. Kap. VI).

Diese beschützende Haltung gleicht eher der einer Mutter, als der eines Vaters. Wo war Pica in diesem entscheidenden Augenblick? Vielleicht weinte sie verzweifelt. Guido übernimmt ihre Stelle, mehr noch den der heiligen Jungfrau, der Mutter „zu Füßen des Kreuzes", wie auf dem Kruzifix von San Damiano. Dort ist Johannes, der sie zu sich nimmt: Er nimmt sie auf wie eine Mutter und lernt von ihr den „mütterlichen Zug" des apostolischen Dienstes. Ich erinnere mich an Paulus: „Wie eine Mutter für ihre Kinder sorgt, so waren wir euch zugetan" (1 Tess 2,7). Das Fresko von Sermei im Thronsaal zeigt Franziskus, wie er sich gebeugt an die Knie des Bischofs anlehnt, während ihm von einem Diener ein Kleid gebracht wird. Ähnlich wie ein früheres Fresko eines unbekannten Meisters, ist das Fresko von Giotto in der Obere Kirche von S. Franziskus in Bezug auf Ausdruck, Farben und Bedeutung nicht zu übertreffen: Ästhetische Theologie und theologische Ästhetik in einem. Es stellt den Heiligen dar in genau jenem Augenblick, in welchem Guido ihn mit seinem himmelblauen Umhang bedeckt, und zwar so, indem er den Rand des Umhangs hält und damit ein Kleid bildet. Franziskus befindet sich in mystischer Verzückung. Guido hält nach einem Kleid Ausschau. Die konkrete Geschichte fährt so fort. Aber die „mystische" Geschichte besitzt in sich eine tiefere Ebene. Dieser Mantel, der Franziskus mit dem Bischof vereint, scheint mir Bild der Mutter Kirche zu sein. Franziskus ist wie wiedergeboren im Schoß der Kirche. Neue Ausgießung des Geistes! Das Wort von oben findet in Guido seine Bestätigung. Es gibt einen Passus in der Dreigefährtenlegende, der diese Wahrnehmung des Franziskus mit seinen eigenen Worten bestätigt:

„In den Anfängen meines neuen Lebens, als ich mich von der Welt und von meinem irdischen Vater trennte, legte der Herr das Wort auf die Lippen des Bischofs von Assisi, auf daß er mich weise in den Dienst Christi einführe und mir Trost spende“ (AnonPer).

Die Anerkennung steht im Zusammenhang mit einer Ermahnung von Franziskus an die Brüder, dass sie immer in Eintracht mit Bischöfen und Priestern leben mögen. Guido hat ihnen die Erlaubnis gegeben, die Erfahrung einer Mutter Kirche zu machen. Eine direkte Folge daraus:

„Aus diesem Grund und aufgrund anderer wichtiger Qualitäten, die ich in den Prälaten wiedererkenne, will ich nicht nur die Bischöfe lieben und ehren, sowie als meine Herren anerkennen, sondern auch die demütigen Priester“ (AnonPer).

Dies sind Hinweise die sich auch in seinem Testament wiederfinden.

Giotto, *Der hl. Franziskus entsagt den irdischen Gütern, Ausschnitt.*
(Foto: Edizioni Porziuncola)

Botschaft eines Ereignisses

Halten wir einen Augenblick inne: Werfen wir einen ganzheitlichen theologischen Blick auf jenes Urteil, das sich am Bischofssitz ereignete. Im Lichte der soeben gemachten Betrachtungen erhält es die Züge einer Ikone, in der, wenn auch nur andeutungsweise, grundlegende Dimensionen christlichen Glaubens aufscheinen. Ich würde diese wie folgt zusammenfassen:

- *Der trinitarische Atem.* Von den drei göttlichen Personen ist ausdrücklich nur der Vater angerufen in den eigenen Worten von Franziskus: Von jetzt an füllt der himmlische Vater die Leere aus, die durch die Härte des Pietro Bernardone entstanden ist. Christus wird in seiner gekreuzigten Nacktheit vom Kreuzeszeichen auf dem neuen Gewand in Erinnerung gerufen: Franziskus „bekleidet" sich mit Christus. Angesichts der Radikalität von Franziskus und seiner unerhört symbolisch-prophetischen Sprache kann man nur an das Wirken des Geistes denken, an den mächtigen „Pfingstwind". Wie bei den Anfängen der Welt sowie bei der Menschwerdung und an Pfingsten, erscheint die göttliche „Ruah" (Geist) abermals als Spiritus Creator: Unerschöpfliche Phantasie der kreativen Liebe Gottes;

- *das ekklesiale Geheimnis.* In Bischof Guido scheinen die Züge der Mutter Kirche auf. Er empfängt, beschützt und weist den Weg, in einer glücklichen „Komplizenschaft" von Institution und Charisma, in Übereinstimmung der beiden Dimensionen der Kirche, normalerweise bezeichnet einerseits als „petrinisch“ (die von Petrus ausgeübte Autorität, sowie der anderen Apostel und deren Nachfolger) und andererseits als „marianisch“ (der innere kontemplative Atem, die „bräutliche“ Haltung, welche den höchsten Ausdruck und ihr Modell in Maria findet);

- *der spirituelle Weg*. Franziskus trifft vor dem Bischof eine endgültige Entscheidung. Das Wort erreichte ihn von oben. Die Entscheidung wird im Innersten seines Herzens gefasst. Aber es ist die Kirche, in der Person des Bischofs, die seiner Wahl die Bestätigung gibt und ihr das Siegel aufprägt;

- *eine neue „Familie“*. Auf den ersten Blick „bricht“ Franziskus mit seinem Vater und „entzweit“ seine irdische Familie. „Nicht mehr Pietro Bernardone!“ Und das vierte Gebot? Wo bleibt die Ehre für Vater und Mutter? Mehr als den Verrat an der Elternliebe, verrät der junge Rebell in Wirklichkeit den possessiven Charakter der väterlichen Liebe. Nicht mehr von dieser Tyrannei blockiert, wird Franziskus selbst sehr bald Vater von vielen... Auf den Spuren Christi: „Wer den Willen Gottes erfüllt, ist für mich Bruder, Schwester und Mutter“ (Mk 3,35);

- *ein Gewinn an Freiheit*. Durch den Sieg über den Gott „Geld“, ist eine goldene Gefangenschaft beendet. Alles wird Gabe. Alles Grund zum Lob. Alles kleidet sich in Brüderlichkeit: Bruder Sonne, Schwester Mond. Und aus dem einzigartigen „anti-ökonomischen“ Protest eines Kaufmannssohnes, wird eine neue Ökonomie entstehen, gestützt auf „Frau Armut", Prinzip einer solidarischen Gemeinschaft, das die Söhne des Franziskus im Verlauf der Jahrhunderte an die Seite der Armen stellen wird, sogar mit Institutionen, die Bankcharakter haben, wie die der „Monti di Pietà" (Leihhaus). Das Urteil im Hause des Bischofs ist die endgültige Wasserscheide im Leben des Franziskus, die nicht nur über die Beziehung zu seinem Vater entscheidet, sondern insgesamt die Beziehung zur Kirche definiert. Zu jener Zeit waren häretische Strömungen zahlreich - man denke an die Katarer -, die im Namen der evangelischen Kohärenz und der Armut nicht nur das Leben unwürdiger Hirten anklagten, sondern auch deren Autorität selbst. Franziskus bezieht genau Stellung dazu, die ein Glaubensbekenntnis schlechthin ist. Im Testament wird er schreiben:

„Der Herr gab und gibt mir einen so großen Glauben zu den Priestern, die nach der Vorschrift der heiligen Römischen Kirche leben, wegen ihrer Weihe, daß ich, wenn sie mich verfolgen würden, bei ihnen Zuflucht suchen will" (Test 6).

Das „Entblößungsurteil", jenseits seiner juristischen Bedeutung, ist ein kirchliches Ereignis. Die Kirche als „Braut Christi" scheint darin auf, die auf den Geist hört wie im Höhepunkt, in dem Fiat Mariens. Am Ende des spirituellen Weges von Franziskus steht das, was man heutzutage als religiöses „Gelübde" bezeichnet, das ihm tatsächlich sehr ähnlich ist. Franziskus hatte sich schon bekehrt und hingegeben, nun aber beginnt der öffentlich-kirchliche Moment seines neuen Lebens. Guido bestätigt mit seinem Siegel die Weihe-Hingabe von Franziskus. Gleichzeitig übernimmt er deren Verantwortung und Schutz: *„Daher wurde er von nun an sein Beschützer und Gönner, der ihn ermutigte und mit innigster Liebe umfing“* (1Cel. Kap.VI).

Giotto, *Der hl. Franziskus entsagt den irdischen Gütern, Ausschnitt. (Foto: Edizioni Porziuncola)*

Auf dem Wege mit Guido

Der Schutz des Bischofs war in der Tat nötig, vor allem seit dem Augenblick, als das Leben von Franziskus zum Zeichen des Widerspruchs geworden war. Wie könnten wir, Guido, deinen großen Mut nicht anerkennen? Dein Beistand dem Poverello gegenüber machte auch dich unpopulär. An das Verhältnis von Franziskus mit den Mitbürgern erinnert die Dreigefährtenlegende.

„Oftmals verlachte man ihn, weil man ihn für einen Narren hielt“ (DreiGefLeg. Kap. VII).

Den ersten Gefährten ging es ebenso:

„Wenn sie um Almosen in der Stadt bettelten, gab ihnen kaum jemand etwas, sondern man machte ihnen Vorwürfe mit den Worten, sie hätten ihren Besitz aufgegeben und verzehrten fremden. Und so litten sie sehr große Not. Sogar ihre Eltern und Verwandten verfolgten sie; andere Leute aus der Stadt verlachten sie als Dummköpfe und Narren“ (DreiGefLeg. Kap.IX).

Es dürfte für Franziskus nicht einfach gewesen sein. Wie ihn das innere Licht leitete, so unterstützte ihn die Stimme Guidos. Was war die vorherrschende

Einstellung derer, die den Bischof unmittelbar umgaben? Ich wäre neugierig dies zu wissen. Vielleicht waren die einzelnen Positionen unterschiedlich, und die Heiligkeit des Poverello wurde nach und nach deutlicher. Guido ließ sich durch die Kritik nicht einschüchtern und beschränkte sich darauf, Franziskus zu Behutsamkeit und Klugheit zu ermahnen:

„Doch der Bischof der Stadt Assisi, zu dem der Mann Gottes häufig sich Rat holen ging, nahm ihn gütig auf und sprach zu ihm: „Hart scheint mir euere Lebensweise und rauh, nichts in der Welt zu besitzen." Zu ihm sagte der Heilige: „Herr, wenn wir irgendwelche Besitztümer hätten, wären uns Waffen nötig für unsere Obhut. Denn daraus entstehen Rechtsstreite und Zänkereien, und dadurch wird die Gottes- und Nächstenliebe gewöhnlich vielfach verhindert. Und deshalb wollen wir in dieser Welt kein zeitliches Gut besitzen." Der Bischof fand die Antwort des Gottesmannes sehr gut, denn er verachtete alles Vergängliche und vornehmlich das Geld so sehr, dass er in allen seinen Regeln gerade die Armut betonte und alle Brüder besorgt machte, das Geld zu meiden." (DreiGefLeg. Kap. IX).

Assisi, Atrium des Bischofshauses mit der Statue des hl. Franziskus.
(Foto: Edizioni Frate Indovino)

Eine Gelegenheit...
durch die Vorsehung verhindert

Welch eine Übereinstimmung zwischen Franziskus und Guido! In Zeiten, in denen der Klerus sich weniger durch Heiligkeit als vielmehr durch Weltlichkeit und Reichtum auszeichnete, wird Guido überwältigt von der beispielhaften Nachfolge des Evangeliums durch Franziskus. Soweit bekannt ist, gibt es in Bezug auf ihre Beziehung keine Hinweise auf Missverständnisse oder Spannungen.

Eine Ausnahme allerdings könnte die Tatsache sein, daß es dem Heiligen nicht gelang, von Guido die Erlaubnis zur Nutzung einer Kirche zu erhalten. Franziskus freilich verspürte nicht das Bedürfnis nach einer Wohnstatt. Ihm genügte dazu lediglich eine notdürftige Stätte, wie jene in Rivotorto, die in der Dreigefährtenlegende erwähnt wird als „ein Raum, der so eng war, daß sie dort kaum sitzen oder liegen konnten" (DreiGefLeg. Kap. XIII). Aber einen Ort, an dem es möglich war, sich zum ruhigen und längeren Gebet zur höchsten Ehre Gottes zu sammeln, ja, einen solchen Ort brauchte er. Franziskus bittet deshalb um die Gnade einer Kirche, die für das innige Gebet und die brüderliche Gemeinschaft geeignet sein möge. An wen sollte er sich wenden, wenn nicht an Guido? Diesmal jedoch scheint die „Vaterschaft" zu „versagen". Eine verfehlte Gelegenheit. Ich kann es mir nicht erklären, Guido, wie du dich damit abfinden konntest, keine Lösung zu haben. Von den Kanonikern von San Rufino kam ebenfalls eine Absage. Nur die Benediktiner des Monte Subasio - heute noch überragen die Mauern jener Abtei das weite Tal -, hatten Erbarmen indem sie Portiunkula gaben. Damit säten sie einen Keim, der Frucht bringen sollte, wenn auch nicht für sie selbst. Aber ist die Kirche nicht eine einzige? Und was anderen gegeben wird, hat eine Rückwirkung auf den Geber.

Es ist gut möglich, daß Guido in der Tat Schwierigkeiten hatte, eine Kirche zu finden, die für die Gemeinschaft von Franziskus geeignet gewesen wäre. Vielleicht war es fehlende Bereitschaft oder kirchlicher Widerstand. Auch ein Bischof kann nicht tun und lassen was er will! Die Regeln, die Zwänge und die Besitzverhältnisse sind oft und gerade dann hart und schwer überwindbar, wenn der Geist weht. Am Ende jedoch bahnt sich der Geist im Spiel der Mächte und Menschen einen Weg. Gemäß der Dreigefährtenlegende lautet die Antwort des Bischofs folgendermaßen: „Bruder, ich habe keine Kirche, die ich euch geben könnte". Eine Feststellung, die den Tatsachen entsprach. Vielleicht hätte unsere Höflichkeit hinzugefügt: „Es tut mir leid, aber...". Es ist bezeichnend, dass er ihn mit „Bruder" anspricht. Dies ist ein Zeichen der Demut, als wollte er ihm, trotz der von den Umständen genötigten Absage, auf seinem Weg brüderlich als Weggefährte beistehen...

Sicher eine verfehlte Gelegenheit, die jedoch im Zeichen der Vorsehung steht! Die Bereitschaft der Benediktiner mit ihrer Gabe der Portiunkula war göttlicher Heilsplan. Bonaventura sagt: „Mehr als irgendeinen Ort der Welt liebte der Heilige gerade diesen Ort" (GrFrL. Kap. II). Immer sollten die Franziskaner in der Portiunkula die marianische Wärme des „Mutterschoßes" finden. Viele andere Gläubige sollten ebenfalls die Güte göttlicher Vergebung spüren. Es ist interessant zu bemerken, daß der Bischof Ludovico Giustiniani (1670-1685), der für die Vollendung des Freskenzyklus im Thronsaal des Bischofshauses verantwortlich zeichnete, gerade auf diese Szene der Übergabe der Portiunkula durch die Benediktiner an Franziskus besonderen Wert legte (Werk übrigens des Bologneser Malers Providoni), und zwar gerade gegenüber der Szene der „Urteilsentblößung", die auf Wunsch des Bischof Marcello Crescenzi (1591-1630) dargestellt wurde. Dies ist fast eine nachträgliche „Wiedergutmachung" für die ursprüngliche Absage an Franziskus. Im Zentrum des Saales, oberhalb des Baldachins, wiederum Werk desselben Künstlers, thront die „Vergebung von Assisi": Jener nackte Jüngling ist nunmehr der Heilige, der Barmherzigkeit vom dem glorreichen Christus auf die Fürsprache der Muttergottes Barmherzigkeit für alle erwirkt. Die Jahrhunderte vergehen und die Bischöfe von Assisi spüren - auch ich kann es bezeugen! - daß Franziskus das Bischofshaus nie verlassen hat: Es ist ein Baum, der in die Höhe ragt, deren Äste sich verzweigen, dessen Wurzeln aber stets an jenem Ort sind, an dem die Mutter Kirche ihr universelles Charisma aufgenommen und beschützt hat.

Francesco Providoni (1633 - 1703), [oben] *Die Benediktiner bieten Franziskus die Portiuncula an,* Assisi, Bischofshaus, „Thronsaal“,.[unten] *Die Vergebung Assisis*, Bischofshaus, „Thronsaal“. *(Foto: Edizioni Frate Indovino)*

Die Begegnung in Rom: Zufall oder Verabredung?

„Geh, stelle mein Haus wieder her!“: Dieses geheimnisvolle Wort, vernommen vom Kreuzbild von San Damiano, erhält für Franziskus immer mehr universelle Bedeutung. Dazu aber ist zusätzlich zum Siegel Guidos jenes endgültige und bedeutendere des Papstes nötig. Von der Einzelkirche zur Universalkirche! So spricht Franziskus darüber zu seinen ersten elf Gefährten:

„Ich sehe, Brüder, daß der Herr unsere Gemeinschaft gnädig mehren will. Gehen wir also zu unserer Mutter, der heiligen Römischen Kirche, und melden wir dem Papst, was der Herr durch uns zu wirken begonnen hat, damit wir seinem Willen und Geheiß entsprechend weiterführen, was wir begonnen haben“ (DreiGefLeg. Kap. XII).

Wir schreiben das Jahr 1209, Papst ist Innozenz III. Die Karawane mit Franziskus und seinen Gefährten ist auf dem Weg zur Ewigen Stadt.

Sieht die Dreigefährtenlegende die römische „Expedition“ im Zeichen jener Mission, die Franziskus sich vornimmt, unterstreicht Thomas von Celano vor allem die Notwendigkeit, die Regel bestätigt zu wissen (die erste, mündlich bestätigte Regel):

Giotto di Bondone (1267 - 1337), *Innozenz III bestätigt die Franziskanische Regel* – Ausschnitt, Assisi, Obere Basilika. *(Foto: Edizioni Porziuncola)*

„Als dann wanderte er mit den erwähnten Brüdern nach Rom, da er das große Verlangen hatte, daß ihm vom Herrn Papst Innozenz III. bestätigt werde, was er geschrieben“ (1Cel. Kap. XIII).

Was Franziskus bestätigt zu wissen begehrte, war nichts anderes als die Entscheidung, gemäß der „Form des heiligen Evangeliums“ leben zu dürfen (Test 14). Dies ist seine Regel, schlicht und einfach. Genügte freilich nicht lediglich die Bestätigung Guidos? Der päpstliche Segen war in der Tat deshalb nötig, weil die Regel daraufhin angelegt war, als universelles Apostolat gelten zu können. Im vorangehenden Kapitel hatte Celano den missionarischen Eifer von Franziskus unterstrichen. Bereits die ersten acht Brüder sandte Franziskus, dem Beispiel Jesu folgend, zu zweit und zweit aus:

„Geht, Geliebteste, je zwei und zwei in die verschiedenen Weltgegenden und verkündet den Menschen die Botschaft vom Frieden und von der Buße zur Vergebung der Sünden“ (1Cel. Kap. XII).

Regel oder Mission? Falsches Dilemma. Beides passt gut zusammen, ergänzt sich gegenseitig. Das Augenmerk auf die Rolle von Guido zu richten mag Sinn und Zweck der Reise nach Rom genauer erklären:

„In jener Zeit befand sich der ehrenwerte Bischof von Assisi, Guido, in Rom, der den heiligen Franziskus und alle

Brüder in jeder Hinsicht hochachtete und mit besonderer Liebe verehrte. Als er den heiligen Franziskus und seine Brüder sah, war er über ihre Ankunft ungehalten, da er den Grund ihrer Reise nicht kannte. Er fürchtete nämlich, sie wollten ihre eigene Vaterstadt verlassen, wo der Herr durch seine Diener schon ganz Großes zu wirken begonnen hatte. Er freute sich gar sehr, in seinem Bistum solche Männer zu haben, von deren Leben und Wandel er sich sehr viel versprach. Nachdem er aber den Grund gehört und Kenntnis von ihrem Vorhaben erhalten hatte, freute er sich sehr im Herrn und versprach, sie dabei mit Rat und Tat zu unterstützen" (1Cel. Kap. XIII).

Ich finde auch diese Passage sehr schön. Welches Feingefühl im Ton des Biographen für jenen „ehrenwerten Bischof" und welche Dankbarkeit für die Liebe und Wertschätzung, die er Franziskus und „allen seinen Brüdern" entgegenbrachte! Das Abenteuer von Franziskus ist für dich, Guido, zu deinem Abenteuer geworden! Es gelingt dir nicht mehr, Assisi ohne diese „Sturmtruppe des Geistes" zu sehen. Nach den ersten Rückschlägen gelang Franziskus der Durchbruch. Und es scheint mir, als würde ich dich sehen, wie du als guter Hirte davon träumst, dass das ganze Volk sich von diesem seinem genialen Sohn mitreißen lässt.

Eure Begegnung findet nunmehr auf der Ebene der universellen Kirche statt. In diesem Bericht freilich überzeugt mich jene Tatsache nicht, dass die

Begegnung in Rom „zufällig“ stattgefunden haben soll, wenn nicht eben doch durch die „Vorsehung“. Es scheint mir wahrscheinlicher, dass sich Franziskus und Guido verabredet hatten. Guido muss der erste missionarische Versuch von Franziskus nicht entgangen sein. In Rom geschieht ein weiterer Schritt in der Beurteilung der Berufung des Franziskus durch den Bischof. Im Hinblick auf die Sorge des Bischofs, Franziskus könne Assisi verlassen, wirft Raoul Manselli in seinem Buch „Der Heilige Franziskus von Assisi“ (2002) einen Schatten auf ihn, indem er ihm unterstellt, der eigentliche Grund seiner Sorge sei der Wunsch gewesen, Franziskus und seine Brüder unter seiner Jurisdiktion zu behalten. Aber was konntest du, Guido, mit deiner Jurisdiktion über eine Gruppe enthusiastischer Taugenichtse gewinnen, die eher Grund zu Verlegenheit als zu lohnender Machtausübung war?

Nein, in jener Entscheidung, so möchte ich glauben, spiegelt sich die natürliche Dynamik der Kirche in ihrer einzigen, Dimension als Teil - und Gesamtkirche wieder. Guido hält zu seiner Kirche. Wie könnte es anders sein? Es ist jene, die ihm anvertraut wurde, und für die er Verantwortung trägt. Aber gleichzeitig berücksichtigt er auch die Universalkirche. Er fürchtet nicht, dass der Baum des Geistes seine Zweige ausbreitet, aber er will, dass seine ersten Früchte dort reifen, wo jener Baum gepflanzt wurde. Nichts in seinem Verhalten schränkt die missionarische Schaffenskraft von Franziskus ein. Jede Einzelkirche trägt

Assisi, zwei Augenblicke des Besuches von Papst Benedikt XVI. in der Kathedrale von San Rufino am 17. Juni 2007. *(Foto: ANSA - Diözesanarchiv von Assisi)*

in sich bereits den Atem der Universalität. Dieses hat Papst Benedikt XVI. im Lichte der Theologie des II. Vatikanischen Konzils anläßlich seines Besuches in Assisi vom 17 Juni 2007 ausdrücklich betont:

„ [...] Das Ganze und die einzelnen Teile verweisen gegenseitig aufeinander. Die einzelnen Kirchen leben ihre Identität als» Teile «des Gottesvolkes und bringen gerade so auch die Gemeinschaft und die» Diakonie «gegenüber der Gesamtkirche überall auf der Welt zum Ausdruck, die vom Heiligen Geist beseelt ist und der der Dienst der Einheit des Nachfolgers Petri gilt. Jede Diözese besitzt diese» katholische «Öffnung, die irgendwie alle Dimensionen ihres Lebens prägt. Sie wird jedoch stärker, wenn eine Kirche über ein Charisma verfügt, das über ihre eigenen Grenzen hinaus wirkt und die Menschen anzieht. Und wie sollte man bestreiten, daß das Charisma des Franziskus und seiner Botschaft eben das tut? [...]“ (Ansprache in der Kathedrale von San Rufino).

Es bleibt wahr, auch historisch gesehen, daß die Wandermission und die Universalität des franziskanischen Apostolates - vergleichbar dem dominikanischen - so würde ich behaupten, im Bewußtsein und in der Erfahrung der Kirche, jenen Begriff der „einen, heiligen und katholischen“ Kirche festigte, in deren Dienst das Petrusamt steht. Mit spiritueller Durchdringung erspürt Franziskus die Kirche als Geheimnis des Geistes Christi in uns, gleich einem grenzenlosen Lebensraum,

Giotto di Bondone (1267 - 1337), *Der Traum von Innozenz III., Ausschnitt,* Obere Kirche von S. Franziskus. *(Foto: Edizioni Porziuncola)*

in dem jeder Gläubige lebt, wie ein Sohn im Schoß der Mutter. Ich verstehe jenes Wort, das Benedikt XVI mir sagte, als ich ihn anlässlich einer Audienz nach Assisi eingeladen habe: „Franziskus erklärt Petrus". Diese Äußerung wollte mir nicht sofort einleuchten. Darüber nachdenkend, wird deutlich, dass es in der Tat so ist: Franziskus, als „personifizierte Kirchlichkeit" (I.Felder), erklärt Petrus in seinem universalen Dienst. Er erklärt und ... unterstützt ihn mit jener Demut, mit der er sich „allen Menschen in der Welt unterwirft" (GrTug. 12) und die ihn gerade dadurch paradoxerweise zu der gewichtigen und großen Stütze der zerfallenden Lateranbasilika macht, wie in jenem von Giotto gedeuteten berühmten Traum von Innozenz III. Dieser Rolle des Poverello waren sich die Päpste stets dankbar bewusst, indem sie immer der Basilika di San Francesco sowie von Santa Maria degli Angeli - beides päpstliche Basiliken - ein besonderes Zeichen des Vorzugs erwiesen (vgl. *Il Papa e la Basilica di San Francesco di Assisi*, Assisi 1999). Es ist ein Zeichen, das unter dem Kardinallegaten fortbestand, auch als mit dem „Motu Proprio *Totius Orbis*" die vollständige Pastoralintegration der Basiliken in das Leben des Bistums von Assisi entschieden wurde.

Mit Guido dem Papst entgegen

Franziskus wird also seinen Bischof beruhigt haben. Guido seinerseits hat ihm erneut sein Bündnis bestärkt. Es ist schwer, sich vorzustellen, wie einige Jugendliche aus Assisi, ohne jede Unterstützung und Vollmacht bis zur Römischen Kurie, ja bis zum Papst selbst, hätten vordringen können. Erneut bedeckt Guido die Nacktheit des Franziskus mit seinem Mantel und ebnet ihm den Weg zum Papst mittels des Kardinals Giovanni di San Paolo. Die neuere Geschichtsschreibung ist sich dieser Problematik wohl bewußt, ganz abgesehen von der gleich in Abrede gestellten „Zufallsthese", auch im Lichte des besonderen historischen Kontextes zwischen dem Bischof von Assisi und der römischen Kurie. Es ist dies nicht der Ort darauf näher einzugehen, es sei lediglich verwiesen auf: N. D'Acunto, *Il vescovo di Assisi Guido I presso la curia romana,* in dem Buch von Cacciotti-Melli: *Francesco a Roma dal signor Papa,* Milano, 2008, Seiten 41-60).

Nehmen wir noch einmal unsere „Betrachtung" auf, geleitet vom „Anonymus Perusinus":

„Der Bischof von Assisi war freundschaftlich verbunden mit dem Kardinal Giovanni di San Paolo, Bischof von Sabina, in der Tat ein Mann voll göttlicher Gnade und beson-

ders angetan von Menschen heiligen Lebenswandels. Kaum erhielt dieser vom Bischof von Assisi Kunde über Franziskus und seine Brüder, wünschte er lebhaft, den Heiligen und einige der Seinen zu treffen. Als er erfuhr, dass jene sich in Rom aufhielten, schickte er ihnen eine Einladung und empfing sie in seinem Haus mit Respekt und Liebe. In den wenigen Tagen, die sie zusammen verbrachten, erfreuten sie ihn mit ihren heiligen Reden und Beispielen. Als der Kardinal die ihm zugekommenen Erkundigungen und Informationen wahrheitsgemäß bestätigt fand, empfahl er sich in Demut und Andacht ihren Gebeten und bat dafür um die als besondere Gunst, als einer der ihren angesehen zu werden. Er fragte Franziskus nach den Gründen seines Kommens, und als er das Ansinnen, das ihm am Herzen lag, erfuhr, bot er sich an, sich als Mittler bei der Römischen Kurie einzusetzen. In der Tat begab er sich dorthin und sagte zu Papst Innozenz III.: ‚Ich bin einem außerordentlich tugendhaften Mann begegnet, der sich bemüht, das Ideal des Evangeliums zu leben, in steter Befolgung der Heiligkeit des Evangeliums. Ich bin überzeugt, dass der Herr durch ihn den Glauben der heiligen Kirche auf der ganzen Welt reformieren will'. Diese Worte beeindruckten den Papst sehr und er befahl dem Kardinal, ihm Franziskus vorzuführen" (DreiGefLeg Kap XII).

Guido hat seinen Teil getan. Er hat dahingehend solche Auskünfte gegeben, auf dass der Wunsch entstehen möge, seine jungen „Büßer" von Assisi zu treffen, so daß ein Mann heiligen Lebenswandels, wie der

Kardinal Giovanni di San Paolo, sich sogleich zu deren Mittler und Beschützer macht. Franziskus ist nunmehr vollends dem Papst und der Universalkirche übergeben. Immer jedoch wird Assisi in seiner Seele ein integraler Bestandteil seines Charismas bleiben. Eine wahre „Orts-Gnade", auch und gerade dann, als sich Franziskus der Universalmission übergibt. Nicht bei allen Heiligen findet sich eine solche Verschmelzung von Ursprung und Geschichte ihrer Heiligkeit. Von der Basilika di San Francesco bis zur Portiunkula, von San Damiano bis Rivotorto, von Santa Chiara bis zur Eremo delle Carceri, bis hin zur Kathedrale von San Rufino selbst: Es ist unmöglich, durch Assisi zu gehen, ohne an Franziskus und natürlich an Klara, seine „kleine Pflanze", denken zu müssen. Auch Letzterer wird Guido (oder möglicherweise sein Nachfolger, da die Quellen über die Chronologie der Bischöfe von Assisi zu jener Zeit ungesichert sind), eine väterliche und prophetische Geste erweisen, wie einen besonderen Segen, als er am Palmsonntag 1211 ihr einen Ölzweig überreicht, während sie sich aufmachte, frei wie ein Vogel, ihre Freiheit zu entdecken. Frei mit Franziskus, frei für Christus!

Das Bischofshaus und Santa Maria Maggiore

Die außerordentliche Beziehung zwischen Franziskus und dem Bischof Guido spiegelt sich gleichnishaft im Bischofshaus, das mit Santa Maria Maggiore eins ist, in der umgebenden Landschaft sowie in dem franziskanischen Weg in Assisi. Der junge Franziskus hat im Bistum eine unauslöschliche Spur hinterlassen. Daran erinnert im Atrium die schöne Statue des Poverello, ein Werk des Dupré. Santa Maria Maggiore bewahrt darüber hinaus eine Inschrift an der Außenseite der Apsis, die das älteste Dokument zur Geschichte des Franziskus darstellt.

Oft bin ich in der Lage, Besucher zu empfangen und gleichzeitig festzustellen, wie in diesem Raum zwischen Bischofssitz, und alter Kathedrale jenes einzigartige Ereignis, das sich hier zutrug, neu erlebt werden kann. Jugendgruppen unter der Leitung der „Franciscan Pilgrimage“ lieben es, während eines Besuches am Bischofssitz jenes Ereignis zu „dramatisieren“. Natürlich stellt jemand von ihnen Guido dar. Manchmal mische ich mich belustigt unter die Zuschauer, um mich am Ende des Spektakels als der jetzige Bischof vorzustellen, der das Alte aufnimmt. Die Jugendlichen haben Freude daran, und es ist für mich die beste Einführung in meine „Katechese“. Vor allem träume ich oft davon, dass dieser Ort, wo der Geist so stark wehte, einen anderen Franziskus erwartet (und wie möchte ich für ihn

Guido sein), an dem wahren „Heiligtum der Entscheidung“, wo die Jugendlichen das Geheimnis entdecken mögen, ihre Seele zu „entblößen“, sowie Idole und Ketten in den Wind zu schlagen, um ein Leben gemäß dem Herzen Gottes zu erwählen.

Das Ereignis der Entblößung ist nicht das einzige franziskanische Ereignis am Bischofssitz. Zwischen Franziskus und dem Bischof Guido entstand eine Freundschaft. Es ist nicht vermessen sich vorzustellen, wie der Poverello ab und zu am Bischofssitz vorstellig wurde, um Rechenschaft zu geben, um Rat zu fragen oder den Segen zu erhalten, vielleicht nach einem stillen Gebet in Santa Maria Maggiore.

Sicher wird Franziskus nicht vergessen, was er von Guido erhalten hat: Seine familiäre Vertrautheit währte auch fort, als die Mauern des Bischofssitzes von einem anderen Hirten bewohnt wurden, bezeichnenderweise gleichen Namens, vielleicht weniger „heilig“ als der erste, bestimmt autoritärer und jähzorniger, wie die franziskanischen Berichte diesbezüglich vermelden (vgl. N. D'Acuto, *Assisi nel Medio Evo. Studi di storia ecclesiastica e civile*, 2002, Seiten 105-145). Doch der Gehorsam von Franziskus und seiner ersten Brüder - alle aus Assisi („die Büßer von Assisi“ wie sie sich vorzustellen beliebten, DreiGefLeg. Kap. X): Bernardo, Pietro Cattanii, Silvester, Ägidius -, musste derart sein, dass er auch dem eisernen Griff des harten Hirten Einhalt bieten konnte. In Bezug auf die Priester wird Franziskus schreiben (vielleicht gerade am Bischofshaus während seiner letzten Lebensmonate? vgl. P. Maranesi, *Facere Misericordiam,* Assisi, S. 30): „Und ich will in ihnen nicht die Sünde sehen, weil ich in ihnen den Sohn Gottes erkenne und weil sie meine Herren sind (Test 9). Heiligkeit und Autorität sind aufgerufen, sich zu „entsprechen“ und nicht, sich zu „widersprechen“, gleich der Aureole von Franziskus und der Mitra von Guido in Giottos Fresko der Entblößung. Durch Gehorsam bewährt, wird die Heiligkeit des Franziskus zur „Schule“ für den Hirten selbst. Dies verdeutlicht jene Episode, in welcher der Bischof von einer mysteriösen Kraft zurückgehalten wird, während er taktloserweise das Refugium des Heiligen betritt und diesen beim Beten überrascht (2Cel. Kap. LXVI; GrFrL. Kap. X; AnonPer). Die Autorität geht in die Schule des „Geheimnisses“! Handelte es sich um den ersten oder zweiten Guido? Sicher ist, dass der Heilige dem Letzteren einen warmen Appell senden wird, um ihn zu ermuntern, sich mit dem Bürgermeister zu versöhnen, bei einer bedenklichen Krisensituation in deren Beziehungen. Er konnte nicht dulden, dass in seinem Assisi und besonders im Bischofshaus keine Friede herrschte. Gerade um diesen zu begünstigen, fügte er dem Sonnengesang die „Vergebungsstrophe“ hinzu. Zwei Brüder sangen ihn, und die Wirkung war „wunderbar“, insofern als sich die Kontrahenten darauf beide umarmten, woran die Stein-Tafeln am Eingang des Bischofssitzes erinnern. Der Sonnengesang wurde so zum Versöhnungsgesang.

Am Bischofssitz wird Franziskus eine gewisse Zeit

seiner letzten Lebenstage verbringen (1Cel. Kap. VII). Das Haus des Hirten – gemäß der Meinung der Seinen (Frate Elia, Generalminister) -, sollte nicht nur ein willkommener Ort für seinen gemarterten Körper sein, sondern auch eine sichere „Festung" gegen mögliche Übergriffe auf die sterblichen „Überreste" des Heiligen, die - zumindest auf spiritueller Ebene - zu unschätzbarem Reichtum geworden waren. Gemäß des „Anonymus Perusinus" waren es Ritter aus Assisi - welch ein Unterschied nunmehr zu den Jahren der „Entblößung"!, - die den Heiligen bei Nocera, genauer in Bagnara, in Empfang nahmen, um ihn in seine Stadt zu geleiten, eine Stadt, die mehr denn je dazu bestimmt war, die Stadt des Franziskus zu werden, die „seraphische" Stadt. Bischofssitz und „Burg", mehr jedoch „Mutterhaus" in jenen Tagen der Blindheit und des Schmerzes vor dem endgültigen „Übergang". Entstand etwa auch die Strophe vom „Bruder Tod", vom leiblichen Tod am Bischofssitz? Daran denke ich jeden Tag, vor allem, wenn ich den Sonnengesang nachsinge und die - auch bei Nebel - wundervolle Panoramalandschaft bestaune, eine Landschaft freilich, die der Heilige in jenen Tagen nicht mehr erblicken konnte. Sein Himmel war bereits ganz „inwendig". Sein Sehnen war gerichtet auf die „dreifaltige Heimat". Sein Herz hörte nicht auf zu schlagen für seine Brüder (für sie die letzten Ermahnungen des Testamentes) sowie für seine geliebte Stadt, die er nunmehr mit weihevoller Prophetie zu segnen sich anschickte. Seine Augen für immer schließen soll-

Cesare Sermei (1576 - 1668), *Der sterbende Franziskus segnet die Stadt Assisi,* Diözesanmuseum. *(Foto: Diözesanarchiv von Assisi)*

te er allerdings nicht am Bischofssitz, sondern in der Portiunkula, im marianischen Schoß des Ordens, Ort der himmlischen Eingebungen und der Brüderlichkeit im Zeichen der Einfachheit der Hütten. Auch für jemanden wie Franziskus, der den Tod als „Bruder" bezeichnete, musste es angenehmer erscheinen, den Tod im Schatten der Mutter willkommen zu heißen, und zwar nackt auf nackter Erde, mit der Nacktheit, die er gewählt und gleichsam zelebriert hatte, fast zwanzig Jahre zuvor, unter den Augen von Guido.

Im Großen Franziskusleben wird berichtet, dass der Bischof von Assisi an der heiligen Stätte San Michele auf dem Monte Gargano weilte, als ihm Franziskus in der Nacht seines Todes und Hinüberganges erschien und zu ihm sprach: „Siehe, ich verlasse die Welt und gehe in den Himmel" (GrFrL. Kap. XIV). Celano präzisiert das Geschehene besser: „als er (der Bischof) von dort zurückkehrte, nahm er Herberge in Benevent" (2C220). Vielleicht wollte der Biograph, indem er diese Episode erwähnte, ein gewichtiges Zeugnis für die Heiligkeit von Franziskus anführen. Ich greife gerne noch einen anderen Aspekt auf: Selbst noch im Tod bewahrt Franziskus mit seinem Bischof seine besondere Beziehung. Es ist ein Fragment der Theologie und der Spiritualität der Gemeinschaft, sicher auch Frucht jener Begegnung der Seelen, die sich zwischen ihm und dem Bischof anläßlich seiner Bekehrung und Entblößung entwickelt hatte, am Beginn seines großen Abenteuers der Heiligkeit. Zusammen mit ihm „Komplize" des Geistes Gottes zu sein!

Assisi, Hauptschiff der Kirche Santa Maria Maggiore, antike Kathedrale von Assisi, seit 2008 der pastoralen Sorge der umbrischen Kapuzinerpatres anvertraut. *(Foto: Edizioni Frate Indovino)*

Assisi, Seitenschiffe der Kirche Santa Maria Maggiore. *(Foto: Edizioni Frate Indovino)*

Die Geschichte geht weiter...

Danke, Franziskus! Danke, Guido!

Der vor acht Jahrhunderten entfachte Geist, der von euch empfangen wurde, lebt weiter fort im Gedächtnis der „Steine“ von Assisi, aber noch mehr in den „lebendigen Steinen“, welche die Kirche bilden sowie in den zahlreichen Gemeinschaften, die sich auf der ganzen Welt auf Franziskus – und mit ihm auf Klara - berufen.

Zu Beginn dieses Jahrtausends empfahl Johannes Paul II. der Kirche ein Motto, gleichsam ein Programm: „Neu mit Christus beginnen“ (Apostolischer Brief *Novo millennio ineunte*).

Eben um mit Christus zu beginnen, hat das Zeugnis des Franziskus eine unglaubliche Faszination, die Jahrhunderte überdauert.

Benedikt XVI, Pilger in Assisi, hat dazu eingeladen, Franziskus und das Franziskanertum unter diesem christologischen und ekklesialen Schlüssel neu zu lesen. Vor der Regel und vor dem Geist der Regel steht die Bekehrung des Franziskus zu Christus. Eine Bekehrung, die im konkreten und lebendigen Kontext in der christlichen Gemeinschaft von Assisi gereift ist.

„Und diese Bekehrung zu Christus, bis hin zu seinem Wunsch, sich in ihn zu „verwandeln“ und ihm ganz gleich-

förmig zu werden, erklärt was er erlebt und wie er gelebt hat. Dadurch erscheint er uns so zeitgemäß, auch im Hinblick auf die großen Themen unserer Zeit, wie die Suche nach Frieden, der Schutz der Natur, die Dialogbereitschaft mit allen Menschen. Franziskus ist darin wahrer Meister. Aber er ist es ausgehend von und mit Christus" (Ansprache von Benedikt XVI. in San Rufino, 17 Juni 2007).

Mit und von Christus ausgehen: Auch das Verhältnis zwischen Franziskus und seinem Bischof ist ganz unter diesem Blickwinkel zu sehen. Franziskus erblickte in Guido Christus selbst. Guido erahnte in Franziskus die Stimme Gottes.

„Es gilt" – so fährt der Papst fort – *„nicht nur den biographischen, sondern auch den ekklesiologischen Wert jener Begegnung zwischen dem jungen Franziskus und dem Bischof Guido wieder zu entdecken, dessen Händen Franziskus, sich entblößend, die Wahl seines Lebens anvertraute."*

Wert für die Kirche: Eine Botschaft, die hilft, die Kirche zu verstehen und zu lieben, ein Sonnenstrahl, der ihr Geheimnis erhellt. Es ist ein Licht, das die Beziehungen zwischen den Kirchen und der Gesellschaft erleuchtet, das zeigt, wie viel das Evangelium auch dem Menschen von heute – wie bei Franziskus - auf der Suche nach Freiheit und Wahrheit zu sagen hat. Die zahlreichen Pilger, die nach Assisi strömen, be-

Johannes Paul II und einige Repräsentanten der Weltreligionen während einem Moment des Weltgebetstages für den Frieden, der am 27. Oktober 1986 in Assisi stattgefunden hat. *(Foto: Edizioni Porziuncola)*

zeugen dies. Sie kommen hierher, um den „Geist von Assisi“ zu atmen. Franziskus hat so seine Stadt „neu gegründet“, indem er sie zu einer Ikone machte, indem er ihr Gesichtszüge gab, die seine Berufung und seine Mission in der Welt darstellen.

Seit diesem Ereignis vor 800 Jahren hat sich vieles geändert. Jenes Europa und jene Welt von Franziskus sind weit entfernt und manche – uneingedenk der Wurzeln – möchten gern jene Welt den Geschichtsbüchern und Kunstmuseen überlassen.

Franziskus jedoch spricht weiterhin. Eine „Fabel“, nicht zum Erzählen, sondern um sie zu leben.

Und der Geist Gottes weht, allem Gegenwind zum Trotz, gerade im Hinblick auf einen neuen Frühling, auf ein neues Pfingsten. Es ist unsere Aufgabe – wie einst Franziskus und Guido - seine „Komplizen“ zu sein!

Inhalt

Drucklegung
Grafiche Diemme - Bastia Umbra (PG)
April 2010